DiCTiO
lecture et jeux

Conception :
Émilie Beaumont

Textes et jeux :
Laurence Boukobza - Annick Moulinier
Orthophonistes

Images :
Nadine Soubrouillard

FLEURUS
ENFANTS

ÉDITIONS FLEURUS, 11, rue Duguay-Trouin 75006 PARIS

Sommaire

● *Blaise le distrait* 8
Les jeux du ai 9

● *La reine Madeleine* 10
Les jeux du ei 11

● *Bataille de cailles* 12
Les cailles jouent avec ail ... 14

● *Un drôle de nain* 16
Les jeux de ain-ein 17

● *Pince à linge* 18
Les jeux de in-im 19

● *Le fantôme Ramplamplan* 20
Les jeux de an-am 21

● *Vent violent* 22
Les jeux de en-em 23

● *La fête de l'automne* 24

● *Pomal'eau* 25
Jouons avec eau-au 26

● *Coquin coq* 28

● *Les deux complices* 29
Les jeux de c 30

● *La chatte de Charly* 32
Charly joue avec ch 34

● *La vieille Mireille* 36
Mireille joue avec eil 38

● *Belles coccinelles* 40
Les jeux de el-elle 41

● *Le fermier Herbert* 42
Les jeux de er-erre 43

● *Madame Duchesse* 44
Les jeux du esse 45

● *Chez le Poucet* 46
*Le Poucet joue
avec et-ez-ed* 48

● *La sorcière Paulette* 50
Paulette joue avec ette 52

● *Bébé heureux* 54

● *Le Docteur La Terreur* 55
Les jeux de eu-eur 56

● *Le thé chez l'écureuil* 58
Les jeux du euil 59

● *Le géant Gaspard* 60
Gaspard joue avec g 62

● *Agnès et l'araignée* 64
Agnès joue avec gn 66

- *Hercule le hibou* 68
  Hercule joue avec h 70

- *Le chien de l'Indien* 72
  Les jeux du ien 73

- *La petite Camille* 74
  Camille joue avec ille 76

- *Drôle de p'tit roi* 78
  Le p'tit roi joue avec oi 80

- *Tsoin-Tsoin* 82
  Tsoin-Tsoin joue avec oin .. 84

- *Le pompier Pompon* 86
  Pompon joue avec on - om 88

- *Victor le castor* 90
  Les jeux du or 91

- *Roudoudou le pou* 92
  Roudoudou joue avec ou ... 94

- *Les deux grenouilles* 96
  Les jeux du ouil 97

- *Philibert le phoque* 98
  Les jeux de f-ph 99

- *Souris Grise* 100
  Souris Grise joue avec s-ss 102

- *Vive la récréation* 104
  Les jeux du t = s 105

- *Xavier le boxeur* 106
  Xavier joue avec x 108

- *Le grand nettoyage* 110
  Guy le voyou joue avec y .. 112

- *Les jeux du Dictio* 114

AVIS AU JEUNE LECTEUR

DICTIO, lecture et jeux, est un livre pour t'aider à te familiariser avec les sons difficiles, tout en te distrayant.
• Tu lis d'abord chaque histoire en essayant de ne pas trébucher sur les sons difficiles. Tu pourras ensuite t'entraîner à lire l'histoire de plus en plus vite, quand tu sauras bien déchiffrer les sons qui sont répétés plusieurs fois.
• Rappelle-toi bien l'histoire pour faire les jeux qui suivent, car on fait souvent appel à ta mémoire.
• Quand tu auras lu toutes les histoires, tu pourras faire les jeux de la fin du livre.

Dans son beau palais,
Blaise le blaireau s'ennuyait.
Par un beau jour de mai,
Blaise rêvait qu'il volait.

Il ouvrait son palais,
attrapait son balai,
et dans les airs se jetait.

— Comme un aigle je volerai,
se disait Blaise le distrait,
et vite il s'élançait.
Aussi vite il retombait.

— Aïe, aïe, pleurait Blaise.
Il pleurait, se lamentait :
— Jamais je ne volerai !

Les jeux du...

ai

La reine Madeleine

À tous les repas,
la reine Madeleine
dévore sans peine
treize bananes
et seize madeleines.
Elle a toujours
la bouche pleine.
Quelle veine !

Un jour de neige, dans son
manteau beige, elle part se
promener sur les bords de
la Seine. Elle rencontre une
baleine qui lui dit :
— Si tu manges trop
de madeleines,
tu deviendras sans peine
aussi grosse qu'une baleine.

Les jeux du...

MOTS CROISÉS

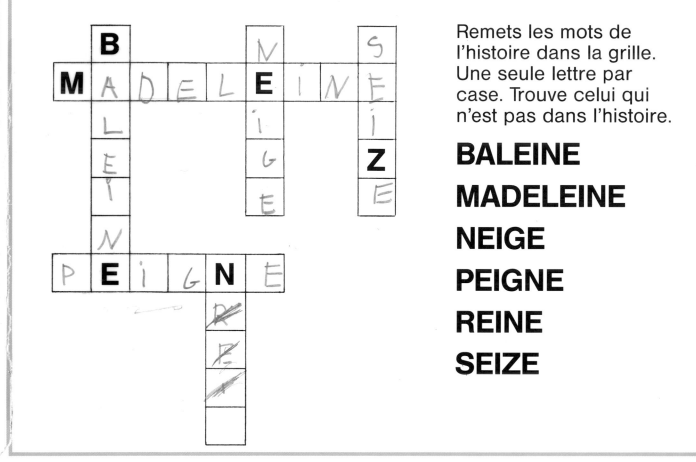

Remets les mots de l'histoire dans la grille. Une seule lettre par case. Trouve celui qui n'est pas dans l'histoire.

BALEINE

MADELEINE

NEIGE

PEIGNE

REINE

SEIZE

RÉFLÉCHIS

Essaie de retrouver les bonnes réponses sans relire l'histoire.

La reine s'appelle *madeleine*.

Madeleine.

Baleine.

Elle mange tous les jours *treize*
madeleine et seize madeleine

treize madeleines.

seize madeleines.

11

Bataille

Deux petites cailles,
perchées sur un épouvantail,
jouaient à la bataille
avec des brins de paille.
— Oh la la ! Mais quelle pagaille !
criait l'épouvantail.
Arrêtez de vous chamailler :
vous abîmez mon chapeau de paille,
vous avez déjà sali mon chandail,
et vous allez casser mes lunettes en écaille.
Allez, petites canailles !
Retournez au travail !

de cailles

Les cailles

VRAI OU FAUX

Les deux petites cailles veulent se poser sur l'épouvantail. Aide-les
à retrouver leur chemin. Attention aux pièges ! Suis bien l'histoire !
Réponds à la première question. Si tu penses que c'est vrai,
tu réponds à la question numéro 2. Si tu penses que c'est faux,
tu réponds à la question numéro 3. Et tu continues ainsi...
Tu as gagné si tu arrives à l'épouvantail.

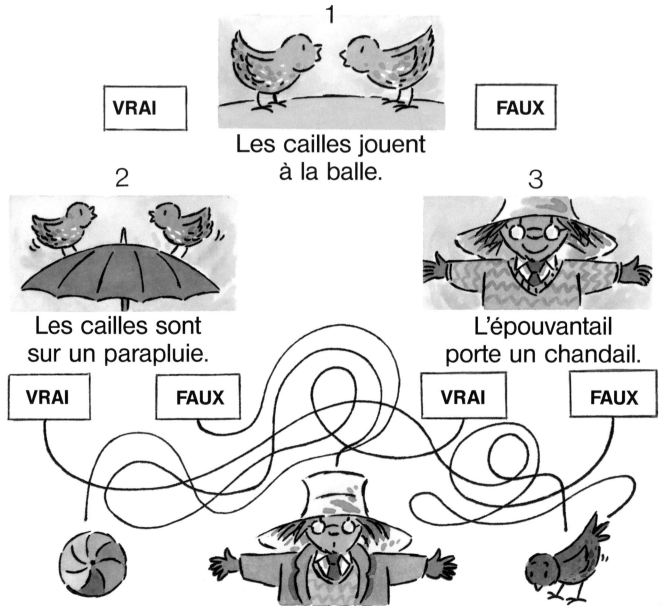

1

VRAI FAUX

Les cailles jouent
à la balle.

2

Les cailles sont
sur un parapluie.

3

L'épouvantail
porte un chandail.

VRAI FAUX VRAI FAUX

MESSAGE CODÉ

Barre tous les mots où tu entends le son "ail" et tu comprendras leur message.

> "Je suis tombé ~~pagaille~~
> dans un ~~vitrail~~ bocal en allant
> au ~~travail~~ carnaval ~~écaille~~.
> Mon aile est ~~médaille~~ cassée.
> J'~~éventail~~ ai mal."

RÉBUS

Chapeau de paille

Un drôle de nain

Connais-tu un petit nain
dans un pays lointain,
qui dessine et qui peint ?
Il aime serrer la main
de tous ses bons copains,
surtout si, sur ses mains,
y'a de la peinture
tout plein.

Les jeux de... **ain-ein**

DEVINETTE

Notre drôle de nain a encore fait une farce.
Il a écrit certains mots en désordre. Remets-les en ordre et écris-les.

Je suis un petit inan. *(nain)*

J'aime beaucoup faire de la tnuipere. *(peinture)* Tous mes pnoicas *(copains)*

viennent me voir. Je leur serre

la mina *(main)* très fort.

Ils devront aller prendre

un bon ibna *(bain)* !

INTRUS

Montre les mots où tu ne vois pas "ain" ou "ein".

la viande	rien	un triangle
les reins	le refrain	il éteint
un poulain	des chiens	plein

Pince à Linge

Le prince Pince à Linge
et son lapin Pimpin
sont malins
comme des singes.
Ils cherchent dans
des bouquins
pour inventer toutes
sortes d'engins.
Avec cinq brins de thym,
quinze épines de sapin
et vingt gouttes de parfum,
ils inventent un incroyable engin
pour voler au-dessus du jardin.

RÉFLÉCHIS BIEN

Trouve le nom de chaque dessin et écris-le sur un papier.

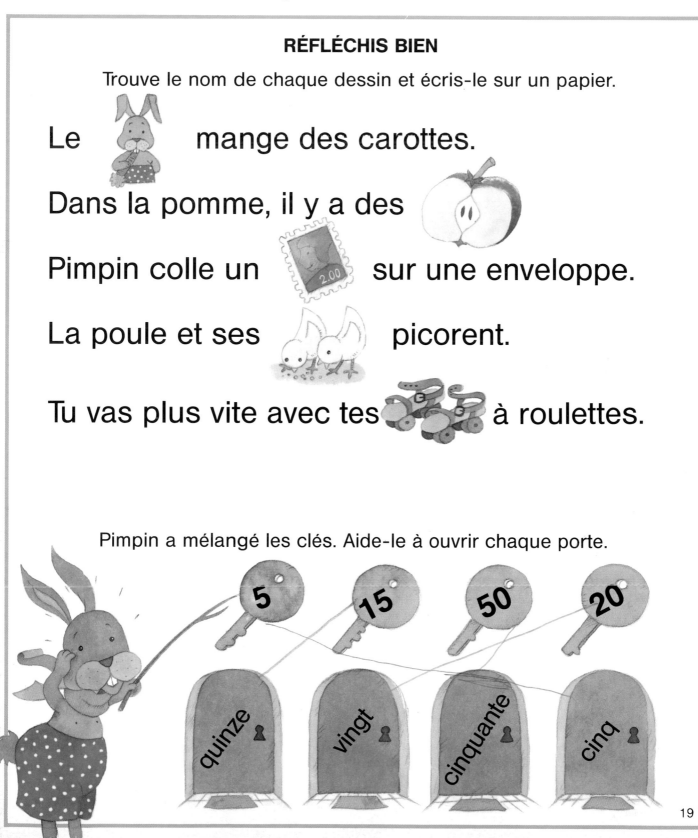

Le [lapin] mange des carottes.

Dans la pomme, il y a des [pépins]

Pimpin colle un [timbre] sur une enveloppe.

La poule et ses [poussins] picorent.

Tu vas plus vite avec tes [patins] à roulettes.

Pimpin a mélangé les clés. Aide-le à ouvrir chaque porte.

5   15   50   20

quinze   vingt   cinquante   cinq

Le fantôme Ramplamplan

Le fantôme Ramplamplan
a mis ses deux gants blancs
et son grand manteau blanc.
Battant sur son tambour
une belle chanson d'amour,
il avance, se balance,
marchant, chantant, dansant :
Ramplamplan ! Rantamplan !
Et Ramplamplan ! Tamplan !
Pampan !

RÉFLÉCHIS

Regarde chaque dessin et essaie de deviner quel mot manque à la fin de chaque phrase.

C'est un instrument de musique.
Cet enfant joue du *tambour*

C'est la pièce où tu dors, c'est ta ....*chambre*............ .

Elle a faim, alors elle .....*mange*....................

Tu le mets en hiver pour ne pas avoir froid, c'est un .....*manto*....................

Vent violent

De septembre à décembre,
dans la maison tout tremble.
C'est le vent qu'on entend,
le vent que l'on sent.
Il entre chez les gens,
les fait claquer des dents.
— Quel sale temps ! crient les gens.
Vivement le printemps !

Les jeux de...  en-em

MOTS MÊLÉS

S	E	P	T	E	M	B	R	E	V
E	N	R	C	B	S	L	O	Z	E
O	L	I	V	D	N	A	E	R	N
P	R	N	U	E	U	C	W	A	T
N	X	T	E	M	P	E	T	E	A
O	D	E	C	E	M	B	R	E	L
D	E	M	Q	Z	A	T	R	P	O
D	N	P	E	T	E	M	P	S	N
S	T	S	A	V	L	O	U	P	B
P	U	I	N	C	E	N	D	I	E

Retrouve ces huit mots dans la grille.

DÉCEMBRE

DENT

INCENDIE

PRINTEMPS

SEPTEMBRE

TEMPÊTE

TEMPS

VENT

RÉBUS

Grâce aux dessins, trouve deux mots dans lesquels tu entendras le son "en" ou "em".

 100 bre ..décembre..........

tiste ..dentiste..........

élsitueb - erbmecéd

23

La fête de l'automne

À l'aube, une autruche
attend son autobus.
Au bout d'un moment,
une petite sauterelle
jaune lui saute sur
l'épaule et lui dit :
— Aujourd'hui, c'est la fête
de l'automne, il te faut aller
au restaurant.
Tous les autres animaux
sont déjà au rendez-vous.
Aussitôt dit, aussitôt fait,
l'autruche saute dans
l'autobus.

AUTOBUS

Pomal'eau

Le chameau Pomal'eau
a beaucoup de chapeaux.
Sept chapeaux plus un manteau
pour le chameau Pomal'eau !
Il n'est jamais assez beau
pour courir jusqu'au ruisseau,
boire de l'eau, de l'eau, de l'eau
dans un grand seau rempli d'eau.

LE BON CHOIX

Trouve la fin de chaque phrase en essayant de ne pas relire l'histoire.

une voiture.

L'autruche attend ....

l'autobus.

sur son épaule.

Une sauterelle saute ....

sur son dos.

du printemps.

C'est le jour de la fête ......

de l'automne.

au restaurant.

L'autruche doit aller ....

à l'auberge.

OBSERVE BIEN

Assemble les étiquettes deux par deux pour former des mots.

vau **tau** **teuil** **pe**

f u **tour**

avec le... au-eau

CHERCHE LE FRÈRE

Lis les phrases sous chaque dessin et retrouve le frère de chaque enfant.

Mon frère est gourmand, il mange beaucoup de gâteaux.

Mon frère aime jouer avec son râteau.

Mon frère construit de beaux châteaux.

COMPLÈTE PAR "AU" OU "EAU"

Le lion est un animal s...au.vage.

Je coupe ma viande avec un cout.eau.

Le v.au.est le petit bébé de la vache.

Les chev.eau.x courent dans le pré.

Le d.au.phin nage dans l'.eau.

27

Coquin coq

— Cot, cot, cot, caquette la
poule quand accourt le
coq. Qu'as-tu, coquin,
qu'as-tu caché près du lac ?
— Cocorico ! crie le coq.
J'ai caché l'œuf de la cane
et l'ai mis dans mon képi
pour le faire cuire à la coque,
car elle m'a croqué la queue
avec son bec, et toc !
— Cot, cot, cot, caquette la
poule, je cours tout raconter
à la cane, et tac !

Alice la malice
et Cécile aux longs cils
jouent les pièces ou les farces
du cinéma d'en face.
Ce sont les deux actrices
d'une farce sur la police.
– Prenez place ! crient-elles.
Vous ne serez pas déçus.
Par ici, prenez votre reçu.
Et que la pièce commence...

29

Les jeux de...

C qu-k
s-ç

BOUCHE-TROUS

Choisis la lettre qui manque c ou ç.

une le...on	un ...itron	une su...ette
un gar...on	une balan...oire	une pu...e
une ...erise	un...artable	de la fi...elle
un ma...on	du ...irage	un pin...eau
un bra...elet	un lima...on	le la...

RÉBUS

Voici les trois plats préférés d'Alice et Cécile.
Déchiffre chaque rébus. Relie chaque rébus au plat qui convient.

omelette - œuf à la coque - œuf au plat

Les jeux du... C
qu-k
s-ç

VERT OU ROSE ?

Montre le rond vert quand tu entends le son "se".
Montre le rond rose quand tu entends le son "que".

la cuisine	des caramels	la ficelle
la colle	une barque	un carré
un cigare	une cabane	une ceinture
un requin	une sorcière	un paquet

RÉBUS

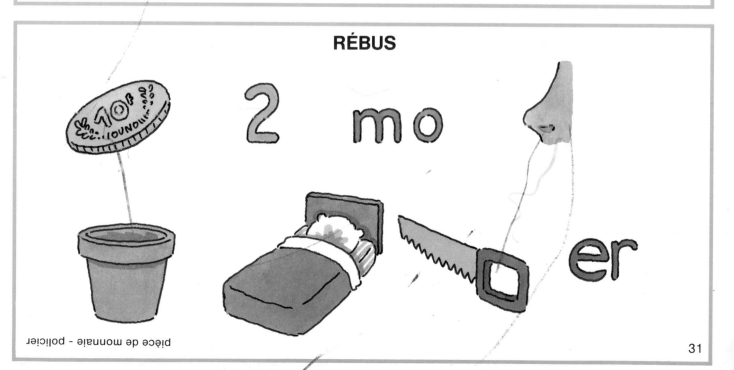

pièce de monnaie - policier

La chatte

Où s'est cachée la chatte de Charly ? Charly la cherche dans le champ.

Il chante en marchant.
Est-elle près du cheval ?
Non.

Est-elle cachée dans les choux ? Charly se penche : rien du tout !

Charly la cherche sur le chemin. Il fait chaud.
La cloche sonne.

Charly se dépêche de rentrer. La chatte est peut-être cachée chez lui.

La chatte est-elle sur la cheminée ? Est-elle cachée près des chenêts ? Eh non !

Charly entre dans la chambre. Il cherche toujours partout.

La chatte de Charly est cachée sous son chapeau. Quelle chipie, cette chatte !

LABYRINTHE

Charly cherche sa chatte. Montre son chemin en passant par les éléments qui figurent dans l'histoire, sans repasser deux fois au même endroit.

avec... ch

LA CHASSE AU SON "CH"

Retrouve, parmi ces dessins, les mots où on entend le son "ch".

LE TEMPS

La vieille Mireille est
une vraie merveille ;
elle a deux grandes oreilles
et dix petits orteils,
des lunettes de soleil et,
sur ses dents, un appareil.
Dans sa corbeille,
elle a toujours une bouteille
... de jus de groseilles.
Quand elle a sommeil,
sous son oreiller,
la vieille Mireille
cache son réveil.

Mireille

Mireille

MOTS CROISÉS

Place le nom de chaque dessin dans la grille.
Une seule lettre par case.

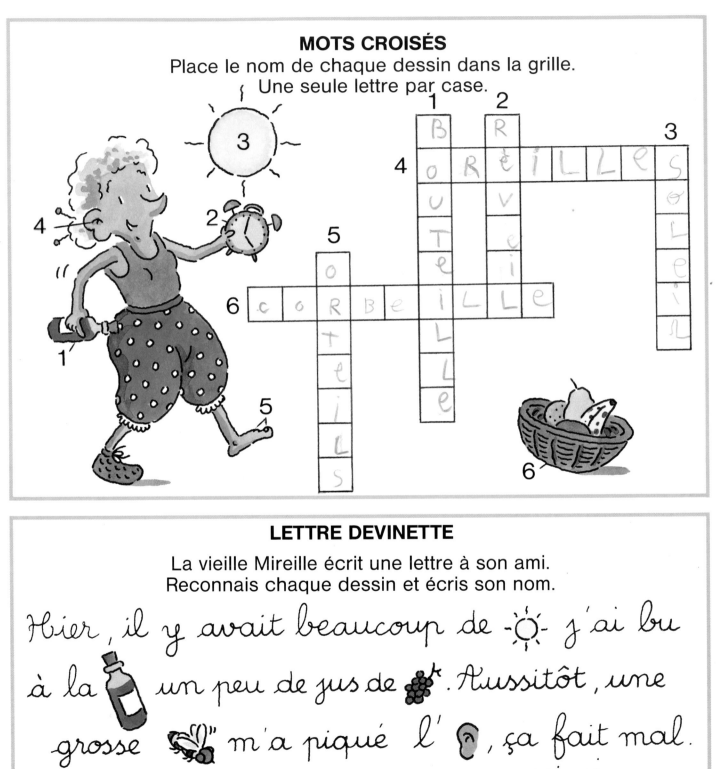

Grille:
- 1: B O U T E I L L E
- 2: R É V E I L
- 3: S O L E I L
- 4: O R E I L L E S
- 5: O R T E I L S
- 6: C O R B E I L L E

LETTRE DEVINETTE

La vieille Mireille écrit une lettre à son ami.
Reconnais chaque dessin et écris son nom.

Hier, il y avait beaucoup de ☀ j'ai bu
à la 🍾 un peu de jus de 🍇. Aussitôt, une
grosse 🐝 m'a piqué l' 👂, ça fait mal.
Je t'embrasse.
ta vieille Mimi

38

joue avec...

LA CHASSE AU SON "EIL"

Montre les dessins où tu entends le son "eil".

Belles coccinelles

Aux dernières nouvelles,
la coccinelle Marcelle
et sa jumelle Cannelle
n'ont rien dans la cervelle.

Elles vivent dans une poubelle.
Elles grimpent à l'échelle
pour regarder le ciel.

Et le soir, que mangent-elles ?
Des caramels au sel.

Les jeux de... **el-elle**

RÉFLÉCHIS

Aide les jumelles Coccinelle à ranger dans la poubelle tous les objets où elles entendent le son "elle".

DEVINE

Lis chaque phrase et trouve le mot qui manque.

Elle ressemble à un parapluie, mais elle protège du soleil, c'est une ....

C'est un jeu auquel tu peux jouer en récréation, c'est la ....

Tu attaches les paquets avec elle, c'est la ....

ombrelle - marelle - ficelle

Le fermier Herbert

Le fermier Herbert vient de manger
trop de pommes de terre.
— Berk ! Je ne peux plus respirer !
Berk ! Je n'arrive pas à digérer !
Il desserre sa ceinture et cherche
un peu d'herbe pour se reposer.
Il s'allonge par terre, la tête contre
une pierre.
Il ferme les yeux et commence
à ronfler.
À ronfler et à rêver...
À rêver de pommes de terre !

MOTS EN VRAC

Relie chaque mot à son dessin.

ver **terre** **fer**

mer **pierre**

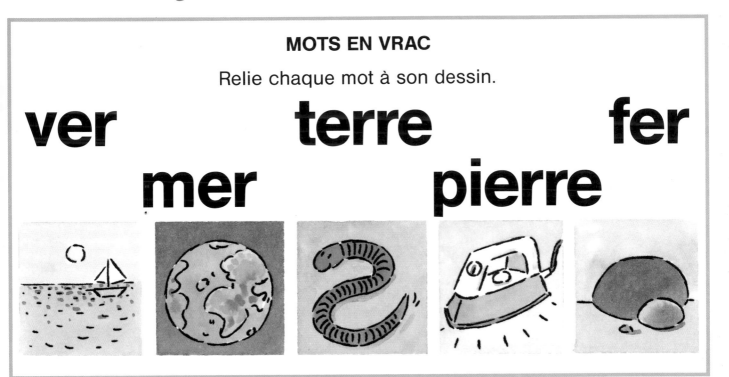

RÉFLÉCHIS

Ces trois mots se lisent pareillement mais ils ne s'écrivent pas de la même manière. Aide-toi des pierres pour trouver l'écriture de chaque mot (les petites pierres pour les petites lettres, la grande pierre pour la grande lettre).

verre - **vert** - **ver**

43

Madame Duchesse

Voici Madame Duchesse,
notre jolie maîtresse,
qui arrive en vitesse !

Elle est toujours
très, très pressée
pour partir dessiner.

Mais quelle maladresse !
Elle tombe en souplesse,
atterrit sur les fesses.

Notre jolie maîtresse
se relève en vitesse.
Bravo, Madame Duchesse !

Les jeux du... esse

JEU DES BULLES
De qui parle Madame Duchesse ?

M. la Richesse

M. la Paresse

M. la Tristesse

Comme il est riche !

Comme il est triste !

Comme il est paresseux !

MOT CACHÉ

Barre au crayon les onze mots cachés dans la grille. Tu verras alors apparaître le nom de quelqu'un.

ADRESSE   **MALADRESSE**

ALTESSE   **MESSAGE**

CARESSE   **RICHESSE**

DESSINER   **TRESSER**

ESSUYER   **VITESSE**

FESTINS

Duchesse

D	E	S	S	I	N	E	R	M
V	I	T	E	S	S	E	D	A
E	S	S	U	Y	E	R	U	L
F	E	S	T	I	N	S	C	A
A	D	R	E	S	S	E	H	D
M	E	S	S	A	G	E	E	R
A	L	T	E	S	S	E	S	E
T	R	E	S	S	E	R	S	S
C	A	R	E	S	S	E	E	S
R	I	C	H	E	S	S	E	E

Allez, les enfants, venez !
Venez chez le Poucet.
Venez visiter sa maison de galets.
Enlevez vos cache-nez.
Posez-les sur le tabouret.
Descendez à cloche-pied
jusqu'au rez-de-chaussée.
Vous trouverez des paquets
posés sur le parquet.
Vite, ouvrez-les !
Prenez tous les jouets
que vous découvrirez !

Le Poucet

MESSAGE EFFACÉ

Le Poucet écrit à ses amis, mais certains mots se sont à moitié effacés.
Ecris-les pour lui. Tu peux t'aider de l'histoire pour retrouver ces mots.

Mon tabouret est tombé sur le parquet. Il a trois pieds cassés.
En voulant le réparer, je me suis cogné le nez. J'ai vite pris un paquet de coton pour me soigner.
Maintenant, tout va bien !

Allez, à bientôt
Petit Poucet !

CHARADES

Mon premier est un animal
qui miaule.
Mon second est la boisson
que nous donne la vache.
Mon tout est une maison
de montagne.

Mon premier fait
ding-dong.
Mon second sert à
marcher.
Mon tout est une façon
amusante de sauter.

chalet

cloche-pied

joue avec... **et-ez-ed**

A midi, j'ai mangé un bon   .

Tous les matins, Poucet ouvre

les   de la chambre.

Le dompteur se sert d'un   pour

dresser les animaux.

Il fait chaud. Maman m'offre

un   de glace et des cadeaux

dans un joli   .

poulet - volets - fouet - cornet - paquet

49

La sorcière

Dans sa maisonnette,
la sorcière Paulette lit
son livre de recettes.

Pour devenir une fillette,
elle doit trouver :
un œuf de poulette,

beaucoup de pâquerettes,
au moins six ou sept,
mais pas de violettes,

une chaussette trouée
qu'elle vole en cachette
dans une vieille mallette,

Paulette

et une plume de chouette,
mais, foi de Paulette,
pas de poil de belette !

Après avoir fait le tour
de toutes les cachettes,
elle ramène sa charrette.

Elle prépare sa recette,
et dit : — Saperlipopette et
sonne trompette !

Elle avale la recette.
Hop ! Paulette devient
une adorable fillette.

JEU DES SEPT "ETTE"

Décris la sorcière Paulette et trouve les sept mots où tu entends le son "ette".

chouette - casquette - lunettes - pâquerette - chaussette - couette - salopette

joue avec...  **ette**

RÉBUS

Grâce aux dessins, retrouve chaque mot.

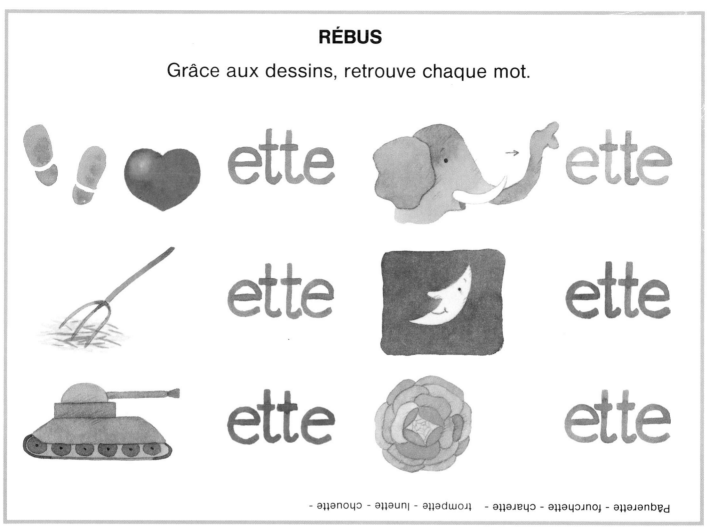

- Pâquerette - fourchette - charette - trompette - lunette - chouette -

DÉFINITIONS

Chaque phrase t'aide à découvrir un mot. Trouve-le. Il doit contenir le son "ette".

On les porte sur le nez ; elles aident à mieux voir :

Tu la tiens dans la main, tu piques la nourriture et tu manges :

Le clown souffle dedans pour faire de la musique :

lunettes - fourchette - trompette

Bébé heureux

Matthieu est un bébé heureux.
Quand il pleut juste un peu,
maman le réchauffe près du feu.
Elle lui caresse les cheveux
et le berce juste un peu
en chantant : "Il pleut,
il pleut, il pleut, Matthieu,
ferme tes grands yeux bleus."

Le Docteur La Terreur

Le docteur La Terreur
n'aime pas du tout les fleurs.
Elles lui donnent mal au cœur.

Avec lui, quelle horreur !
Elles perdent toutes leurs couleurs
et, comble de malheur,
n'ont plus leurs bonnes odeurs.

Le docteur La Terreur
n'accepte jamais de fleurs
quand il soigne
les douleurs.

Les jeux de... eu-eur

OBSERVE

Reconnais chaque personnage. Trouve son nom, puis retrouve l'objet qui lui appartient.

lettre   fusil   stéthoscope

CHARADE

Mon premier est le petit de la vache.

Mon second est ce que donne la montre.

Mon tout est quelqu'un qui vole.

56

voleur

Les jeux de... **eu-eur**

Je suis la sœur du Docteur La Terreur.

J'aime beaucoup les fleurs.

CHACUN SA BULLE

Le dessinateur a fait des erreurs. Rectifie-les.

J'ai des nœuds bleus dans les cheveux.

Je suis le conducteur du tracteur.

J'ai peur du bœuf.

Le thé chez l'écureuil

Monsieur l'Écureuil
invite son ami le bouvreuil.
Pour l'accueillir, il cueille
du feuillage et des fleurs.
Il l'attend sur le seuil.
Tous les deux s'assoient
dans un bon fauteuil
pour boire du thé au cerfeuil.

Les jeux du... **euil**

LE BON CHOIX

Souviens-toi de l'histoire et essaie de répondre aux questions.

Monsieur l'Ecureuil invite .... le chevreuil.
le bouvreuil.

L'écureuil et le bouvreuil s'assoient ...... sur une chaise.
dans un fauteuil.

Ensemble, ils boivent .... du thé au cerfeuil.
du lait au cerfeuil.

Montre les dessins où tu n'entends pas le son "euil".

Le géant Gaspard est
un grand gamin, car
il gesticule du soir au matin.

Il grimpe au grenier faire des
galipettes et de grandes
pirouettes.

Et s'il est gourmand,
il mange des galettes ou
quelques gaufrettes.

S'il veut rigoler, il fait des
grimaces en se regardant
devant une glace.

Gaspard

Notre ami Gaspard est original : avec sa guitare, il lit son journal.

Il gonfle les joues, marche sur les genoux, gambade tout à coup.

Il galope comme un fou et gigote tout partout.

Enfin, Gaspard le géant s'allonge en songeant qu'il est le plus grand !

Gaspard

MOTS FLÉCHÉS

Place le nom de chaque dessin dans la grille.
Une lettre par case.

COUPE-MOTS

Sépare les mots d'un trait pour retrouver la phrase.

LegéantGaspardjouedelaguitareenlisantsonjournal.

joue avec... **g**

LE BON CHOIX

Montre les mots où tu entends le "g" de Gaspard
puis ceux où tu entends le "g" de géant.

gâteau	**orange**	**bague**
éponge	**bougie**	**singe**
girafe	**guidon**	**gant**

LE MOT DE LA FIN

Gaspard le géant a oublié la fin des phrases. Aide-le à choisir
le mot qui convient.

Le train s'arrête à la ....

Gaspard est gourmand, il aime les ....

Pour le carnaval, Gaspard se ....

Nous avons deux mains : la droite et la ....

Au zoo, j'ai vu un animal avec un long cou, c'est une ....

girafe - gare - gauche - déguise - gâteaux

Agnès est à la campagne.
Elle ramasse des champignons.
Tout à coup, elle regarde
la montagne. Et boum !
Elle se cogne à un châtaignier.
Aussitôt, une petite araignée
maligne saute sur son chignon.
— J'ai peur du rossignol, crie
l'araignée, il veut me grignoter !
— Tiens-moi compagnie,
propose Agnès, je vais
t'accompagner, et tu te cacheras
près de la vigne.

l'araignée

Agnès joue

VRAI OU FAUX

Agnès veut rejoindre l'araignée.
Aide-la à trouver son chemin en te rappelant son histoire.
Réponds à la première question :
- Si tu réponds oui, tu réponds à la question 2.
- Si tu réponds non, tu réponds à la question 3.
Et tu continues ainsi. Tu as gagné si tu arrives à l'araignée.

1

| VRAI | | FAUX |

Agnès est à la
campagne.

2

Agnès mange des
champignons.

| VRAI | FAUX |

3

Un rossignol veut
manger Agnès.

| VRAI | FAUX |

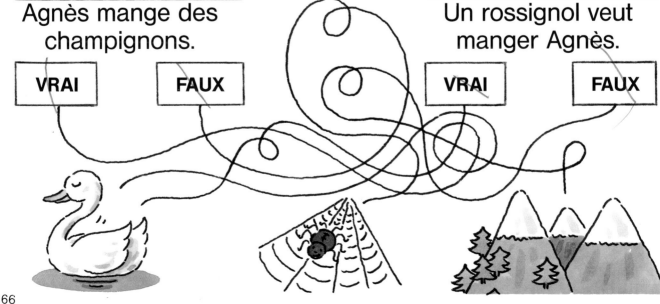

avec...

gn

LES BONNES IMAGES

Agnès a gagné des images. Elle ne veut garder que celles où elle entend le son "gn". Aide-la à les trier.

Hercule

Le héros de cette histoire,
Hercule le hibou,
habite près d'un hangar
parmi les branches de houx.

À huit heures du soir,
le hérisson Hervé,
face à son horloge noire,
engloutit huîtres et thé.

Alors, comme d'habitude,
Hercule hante la maison
en entrant dans l'horloge,
hurlant au hérisson :

— Hou ! Hou ! Hou !
Va dehors, Hervé !
Hou ! Hou ! Hou !
Ta maison est hantée !

le hibou

ATTENTION

Complète les phrases en choisissant le mot qui s'écrit avec un "h" muet.

Le soir, Papa me lit

un conte.

une histoire.

J'ai adopté

un chat.

un hamster.

J'adore jouer

dehors.

dans ma chambre.

Aujourd'hui, je vais

au théâtre.

au cinéma.

OBSERVE

Regarde bien ce dessin et montre avec ton doigt les éléments qui commencent par la lettre "h".

LE NOMBRE MYSTÈRE

Parmi ces nombres, un seul commence par la lettre "h". Lequel ?

1 · 8 · 12 · 17 · 20

Le chien de l'Indien

Julien est un petit Indien
qui aime bien les chiens.
Le sien est le gardien
de sa tente d'Indien.
Toujours il le prévient,
si jamais quelqu'un vient.
Tant qu'il aura son chien,
il n'arrivera jamais rien
à ce petit Indien.

Les jeux du... **ien**

JEU DES BULLES
Regarde bien et rends à chacun la bulle qui lui appartient.

Je pars promener mon chien.

Je préviens vite les pompiers.

Je reviens du marché.

Je suis le gardien du parc.

Julien lance des signaux de fumée à son chien. Mais le vent a mélangé les nuages. Remets la phrase dans l'ordre.

que j'aime bien

mon petit

chien

Tu es

Tu es mon petit chien que j'aime bien.

Camille est la gentille
petite fille de la
famille Camomille.

Tous les matins, vite,
elle s'habille comme
une vraie jeune fille.

Quand elle arrive devant
la grille du jardin,
elle joue aux quilles.

Quelque chose brille
tout près des quilles,
c'est une belle bille !

Camille

L'ami de Camille arrive :
c'est Guillaume.
Il tient une jonquille.

Camille offre sa bille.
Guillaume tend la jonquille.

Oh ! Quelle surprise !
Les yeux de la petite
fille pétillent :

sur la belle jonquille
de Guillaume, elle a vu
une chenille !

Camille

LE BON CHOIX

Trouve la fin de chaque phrase en essayant de ne pas relire l'histoire.

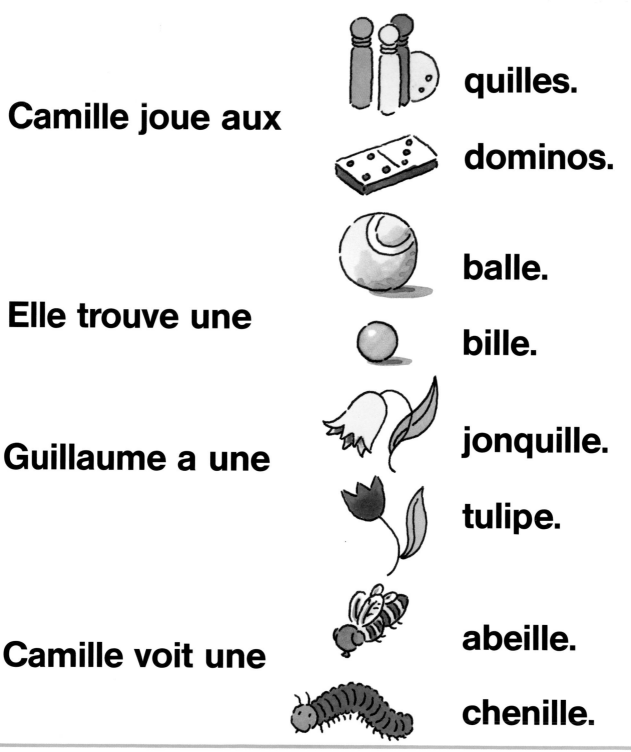

Camille joue aux

quilles.

dominos.

Elle trouve une

balle.

bille.

Guillaume a une

jonquille.

tulipe.

Camille voit une

abeille.

chenille.

76

joue avec...  **ille**

MOTS MÊLÉS

Retrouve les mots cachés dans la grille.

- **grille**
- **fille**
- **habille**
- **brille**

I	T	M	Y	O	B	U
B	L	I	P	U	R	I
L	I	F	E	F	I	N
T	C	O	T	I	L	E
H	A	B	I	L	L	E
G	R	I	L	L	E	X
R	O	M	E	E	U	L

LETTRE CODÉE

Camille a reçu une lettre, mais elle ne comprend pas certains mots. Remets les lettres dans l'ordre.

Chère milleCa,
Je joue beaucoup avec ta llebi. Comment va notre nilleche ?
À bientôt   llaumeGui

77

Il était une fois
un drôle de p'tit roi
vraiment maladroit.
Il se coupe le doigt ;
renverse les petits pois ;
met le feu au bois ;
tombe parfois du toit ;
glisse dans sa baignoire.
Et tout ça pourquoi ?
L'histoire ne le dit pas !
Sans savoir pourquoi,
à toutes les fois,
notre petit roi
saute de joie.

p'tit roi

Le p'tit Roi

LE JEU DU ROI

Le roi veut rentrer au château.
Aide-le. Tu peux jouer seul ou avec des amis.

Règle du jeu :
Choisis un pion et place-le sur
la case du roi.
Lance le dé ; celui qui obtient
le chiffre le plus élevé commence
la partie. Si tu tombes :
— sur une case où il y a un dessin,
cherche si tu entends le son **oi**. Si tu
l'entends, avance d'une case. Si tu ne
l'entends pas, recule de deux cases.
— sur une case où est écrit **oi**, trouve
vite un mot où tu entends le son **oi**.
Si tu trouves un mot, tu relances le
dé.
— sur une case "prison", tu passes
deux tours.
Pour gagner, tu dois atteindre
le premier le château par un chiffre
exact. Si tu dépasses la case du
château, tu devras reculer d'autant
de cases que de points en trop.
Bonne chance !

DÉPART

80

joue avec... oi

Le caneton Tsoin-Tsoin
a perdu sa maman.
Il pleure dans son coin :
— Oin, oin, oin !
Ma patte est coincée
dans une botte de foin.
Oin, oin, oin !
Mais sa maman est loin,
il voudrait la rejoindre.
— Coin, coin ! crie Tsoin-Tsoin,
coin, coin, coin !
Maman Cane a entendu Tsoin-Tsoin
qui pleure près du foin.
Vite, elle vient prendre soin
de son petit Tsoin-Tsoin.
Il pleure de moins en moins
quand maman Cane le rejoint.

Tsoin-Tsoin

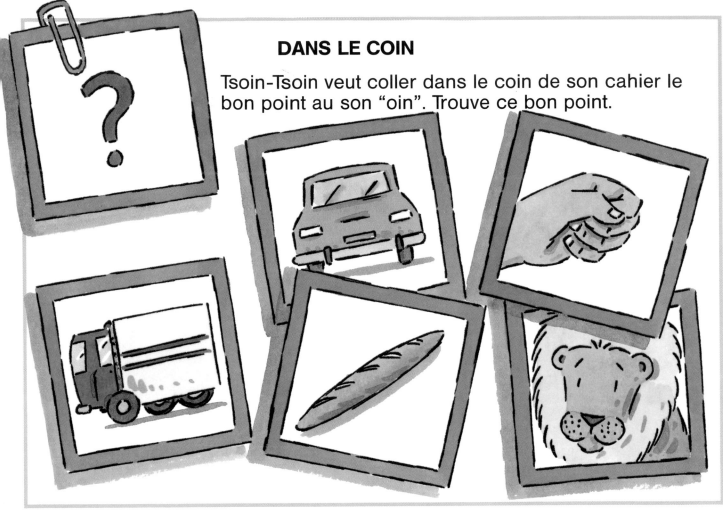

DANS LE COIN

Tsoin-Tsoin veut coller dans le coin de son cahier le bon point au son "oin". Trouve ce bon point.

DE PETITS TROUS
Complète chaque phrase.

Quand Tsoin-Tsoin pleure, il fait ...., ..., ...-

Quand Tsoin-Tsoin appelle sa maman,

il crie ...., ..., ...

Aussitôt, sa maman le rejoint pour prendre .... de lui.

 *joue avec...*  **oin**

MESSAGE CODÉ

Tsoin-Tsoin et sa maman ont un code.
Pour le déchiffrer, barre tous les mots où tu entends le son "oin".

Mon chéri Tsoin Tsoin,
Je suis coincée près du camion point.
Viens me rejoindre voir dès que ta
besoin patte ira moins bien.
Gros bisous
Maman Cane

RÉBUS

Trouve où s'est caché Tsoin-Tsoin.

Le pompier

Ça ne tourne pas rond
pour le pompier Pompon :

il mange trop de bonbons,
puis a mal au bidon.

Il arrose son balcon
avec du jus de melon.

La laine de son mouton
sert à coudre ses boutons.

Pompon

Il invente des chansons
qui parlent de cornichons.

Fait des rondes sur le pont
en jouant au ballon.

Compte les bulles de savon
en buvant son biberon...

"Allons, Pompon, voyons !
Retrouve donc ta raison !"

Pompon

OBSERVE

Retrouve neuf détails du dessin
où tu entends le son "on".

poisson - champignons - hérisson - moutons - maison - violon - ballon - pont - ronde

joue avec... om-on

DEVINETTE

Complète les phrases :

Il crache du feu, c'est le ....

Il permet de passer par la rivière, c'est le ....

Tu peux le ramasser dans les bois, c'est le ....

Il a plein de piquants sur le dos, c'est le ....

hérisson - pont - champignon - dragon

MOTS EN VRAC

Pompon a découpé une phrase. Aide-le à la remettre en ordre.

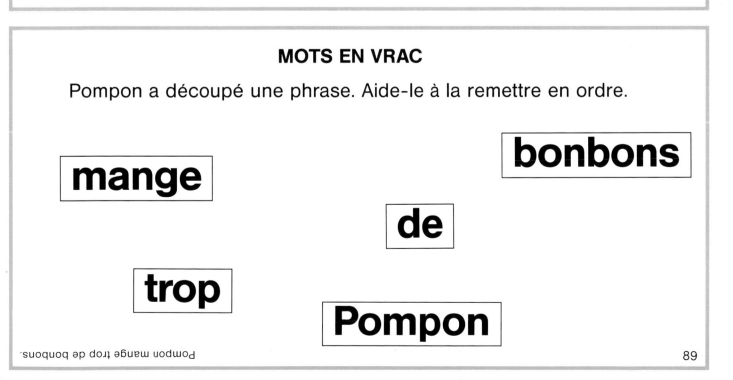

mange   **bonbons**   **de**   **trop**   **Pompon**

Parfois, quand je sors
dans le bois dehors,
j'entends le castor
qui s'appelle Victor
qui ronge et qui mord
des troncs de bois mort.

— Je trouverai de l'or,
me dit le castor,
et, avec cet or,
je fabriquerai alors
un grand château fort.

Et puis il remord
toujours et encore
les troncs de bois mort
pour trouver son or.

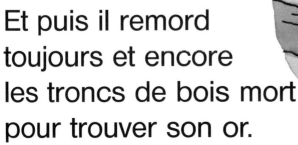

Les jeux du... **or**

MOTS CACHÉS

Retrouve les six mots cachés dans la grille.

tortue

castor

sport

fortune

dehors

port

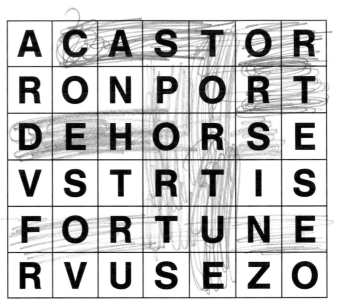

CHARADE

Mon premier est un animal qui miaule.

Mon deuxième est le contraire de "tard".

Mon troisième est le contraire de "faible".

Mon tout est ce que veut fabriquer Victor.

Roudoudou

Tous les jours, Dame Souris
joue avec Roudoudou le pou.

Mais ce pou est un filou,
il court toujours partout,

et la souris ne le trouve plus.
— Où es-tu, Roudoudou ?
Où es-tu ? Hou, hou !

Elle le cherche partout,
et aussi dans les trous.

le pou

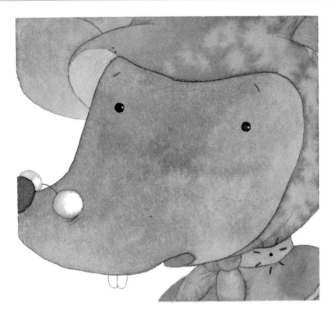

— Hou, hou, Roudoudou !
Mais le pou fait le sourd.

Dame Souris soulève la roue,
le pou n'est pas dessous.

— Es-tu sous le loup ?
Pas du tout ! Pas du tout !
Je ne vois pas de pou !

— Coucou, dit Roudoudou,
Coucou ! Coucou !
Je suis sur ton cou !

Roudoudou

HISTOIRE-RÉBUS
Joue avec nous et découvre ce rébus.

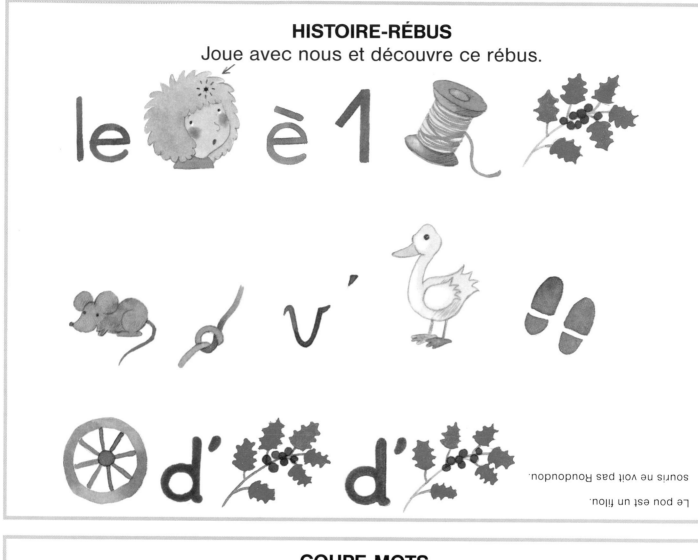

souris ne voit pas Roudoudou.

Le pou est un filou.

COUPE-MOTS
Peux-tu retrouver le message de Dame Souris ?

"BonjourpetitRoudoudoutu courstoujourspartout tuesundrôledefilou."

joue avec...

DES MOTS-CAILLOUX

Les petits cailloux sont des petites lettres, les gros cailloux sont des grandes lettres. Place les mots. Une seule lettre par caillou.

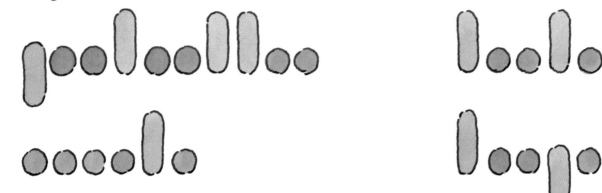

boule - pantoufles - mouche - loupe

PUZZLE

Assemble les étiquettes deux par deux pour former des mots.

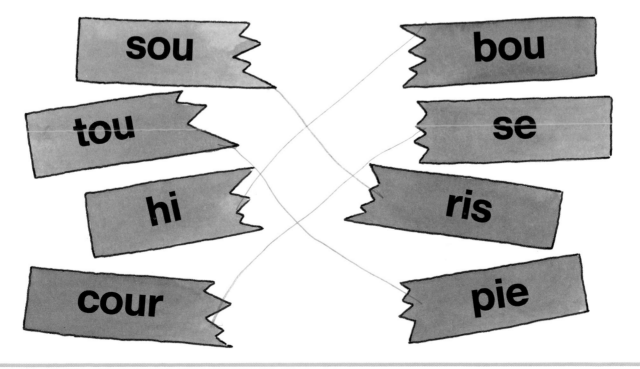

95

Les deux grenouilles

Tartouille et Bidouille sont
deux grosses grenouilles.
Bidouille mange des nouilles.
Elle entend crier Tartouille :
— Ouille ! Je suis dans la bouillie.
C'est bouillant, ça me gratouille !
— Tu es une fripouille, dit Bidouille.
Viens là que je te débarbouille !
— Ouille, ouille ! Tu me chatouilles !
rigole Tartouille.

Les jeux du... **ouil**

Tartouille et Bidouille sont deux | **petites** / **grosses** | grenouilles.

Bidouille | **mange** / **range** | des nouilles.

Tartouille est tombée dans la | **ratatouille.** / **bouillie.**

Bidouille et | **Tartouille** / **Citrouille** | sont deux fripouilles.

PRONONCE BIEN

Retrouve le nom de ces cinq grenouilles, en le complétant avec le son "ouille".

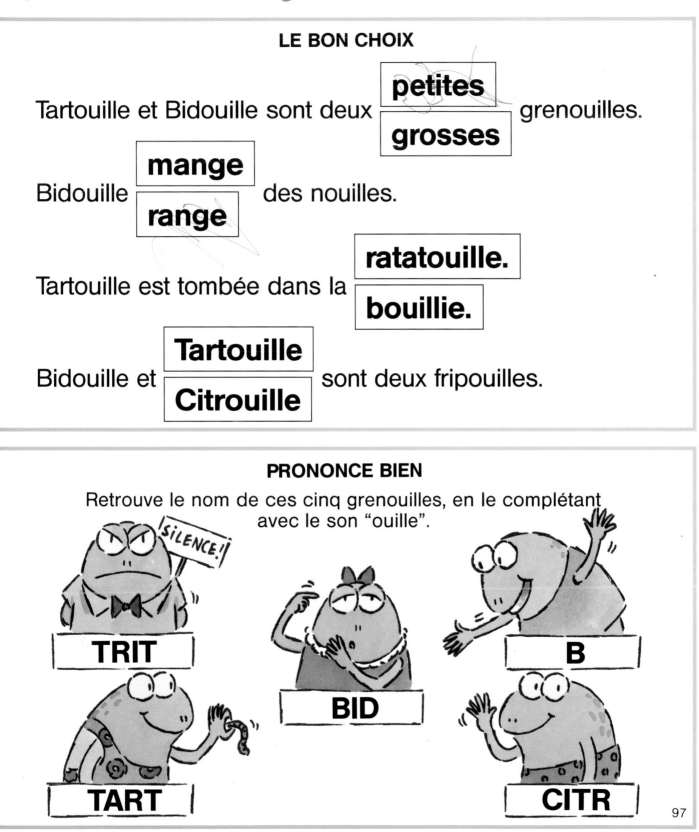

TRIT

BID

B

TART

CITR

Philibert le phoque

C'est une catastrophe !
Le phoque Philibert ne connaît
plus son alphabet.
Affolé, il téléphone au pharmacien :
— Je fais des fautes d'orthographe
à chaque mot, dans chaque phrase.
Que faut-il faire ?
— Je ne connais pas ce phénomène.
File chez le photographe qui habite
près du phare, et tu retrouveras
une mémoire d'éléphant.

Les jeux de... **f-ph**

MESSAGE EFFACÉ

Le pharmacien a donné au phoque Philibert son ordonnance.
Aide-le à déchiffrer le message, car certaines lettres sont effacées.

Pharmacie Pharfounet

le 2 février

Pour ne plus faire de fautes d'orthographe, il te faut faire une photographie chez l'éléphant du phare trois fois par jour.

RÉBUS

ma   1

pharmacien

Le samedi, Souris Grise part avec sa poussette faire ses commissions.

Elle achète des roses, des noisettes et deux gros poissons.

En arrivant dans sa maison, elle dispose les roses dans un vase,

sort les poissons de son sac.
— Pouh ! Ils empestent, pense-t-elle.

Grise

Elle s'assoit sur une chaise, bien à l'aise sur un beau coussin à pois.

Elle déguste les grosses noisettes en écoutant de la musique classique.

Tout le reste de la semaine, Souris Grise s'amuse ou fait des sottises.

Puis elle se repose en faisant la sieste. Quel plaisir !

Souris Grise

1 OU 2

Prends un papier et écris le nom de chaque dessin que tu vois.
Précise si tu utilises un s ou deux s pour écrire les noms.

S-SS

6 FAUTES

Souris Grise écrit une lettre à Souris Rose.
Lis son message, elle a fait quelques bêtises.
Essaie de corriger ses fautes.

Salut, Souris Rosse,

Comme tous les samedis, je suis sortie faire des coursses. J'ai mis dans ma pousette :
des noisettes, du sucre et des roses.
Je suis rentrée ensuite à la maison où je me reposse. Quel plaisir !

Grosses bisses

Souris Grisse

CHARADE

Mon premier me gratte, si j'en ai dans la tête.

Mon second est égal à 3 + 4.

Mon tout sert à promener les bébés.

Martial le martien préfère la récréation
aux opérations.
Additions, soustractions, multiplications...
Que d'opérations !
Il a des punitions quand il ne fait pas
ses corrections.
Mais pour la récitation, Martial fait attention :
il ne veut pas manquer la récréation.

Les jeux du... t = s

VRAI OU FAUX

Martial le martien déteste la récréation.
Martial le martien adore la récréation.

Il n'a jamais de punition.
Il a parfois des punitions.

Il fait attention en récitation.
Il fait attention aux opérations.

RÉFLÉCHIS

Aide Martial le martien à choisir le nom du sport où il entend t = s.

boxe   natation   course

Aide Martial le martien à choisir le nom du chien où il entend t = s.

teckel   caniche   dalmatien

le boxeur

Xavier est un boxeur extrêmement
pressé. Très excité, il saute
dans un vieux taxi et dit :
— Chauffeur ! Au stade Phénix !
J'ai un match de boxe
qui commence à six heures.
Il reste exactement dix minutes.
Le taxi accélère et klaxonne
exprès pour arriver plus vite.
— C'est extra ! s'exclame Xavier.
Je vais pouvoir boxer.

OBSERVE

Regarde bien les deux affiches du match de boxe.
Peux-tu trouver les dix détails qui ont changé ?

joue avec... **X**

X OU RIEN

Montre tous les mots où tu entends le "x"

vieux	**dix**	**soixante**
cheveux	**joujoux**	**deux**
choux	**index**	**six**
exercice	**texte**	**jeux**

A CHACUN SON MAILLOT

Xavier, Félix et leur ami Maxime ne savent plus quel est leur maillot.
Regarde-les bien et redonne à chacun son maillot.

— Voyons, voyons, se dit Yoan
en balayant autour de sa bicyclette.
Voyons, voyons, comment vais-je
nettoyer les traces de crayon qui
sont sur mon pyjama ?
— Il y a un moyen de nettoyer
ton pyjama, répond Guy le voyou.
Tu tends un fil entre ce pylône
vert et un rayon de ta bicyclette.
Tu y accroches ton pyjama.
Puis tu l'arroses avec ce tuyau.
Regarde vite le résultat : tes propres
yeux n'y croiront pas !
— Je vais essayer immédiatement !
s'écrie Yoan joyeusement.

nettoyage

Guy le voyou

MÊLI-MÊLO

Guy le voyou a mélangé ses livres à ceux de Yoan. Retrouve les livres de chacun. Les livres de Guy, ce sont ceux où le **"y"** se prononce **"i"**. Les livres de Yoan, ce sont ceux où le **"y"** se prononce **"ill"**.

joue avec...   **y**

RÉFLÉCHIS

Choisis le mot qui convient pour compléter chaque phrase.

paysage - noyau - voyage - noyer

A la mer, Yolande met des bouées pour
ne pas se ...*noyer*........... .

Yvette ouvre la fenêtre de sa chambre
et elle admire le ...*paysage*...

Yann a mangé toute sa pêche, sauf le ...*noyau*............... .

Fanny a visité le pays des cow-boys, elle a fait un beau ...*voyage*...

RÉBUS

Yoan accroche son fil autour d'un ...*pylône*...

Yoan est content, c'est un garçon ...*joyeux*...

MOTS CROISÉS

HORIZONTALEMENT

A. Dans le livre, cet animal s'appelle Tartouille.
B. Début du mot "autruche".
C. A chaque anniversaire, tu as un ... de plus.
    Coiffure qui ressemble à une natte.
D. Souris Grise y a mis ses roses.
E. Il couvre la maison.
    C'est une étendue d'eau.
F. Alice et Cécile y travaillent.
G. Sans lui, la maison n'est pas couverte.
H. Le pompier Pompon ne tourne vraiment pas ....
    Fin du mot "orteil".
I. En été, il est agréable de se baigner dans la ....
J. Ramplamplan en est un !

VERTICALEMENT

1. Gaspard en est un !
    Première syllabe du nom "Mireille".
2. Deuxième note de musique.
3. Nom du petit Castor qui cherche de l'or.
4. Sport que tu pratiques en nageant.
5. Animal sauvage qui adore le miel.
    Maison d'un oiseau (l'oiseau y pond ses œufs).
6. Ecris deux fois la deuxième voyelle de l'alphabet.
    Dernières lettres du nom "Poucet".
7. Contraire du mot "tard".
8. La laitue en est une ...
10. "Vent" sans v ni t.
    Petit oiseau qui joue à la bataille sur l'épouvantail.

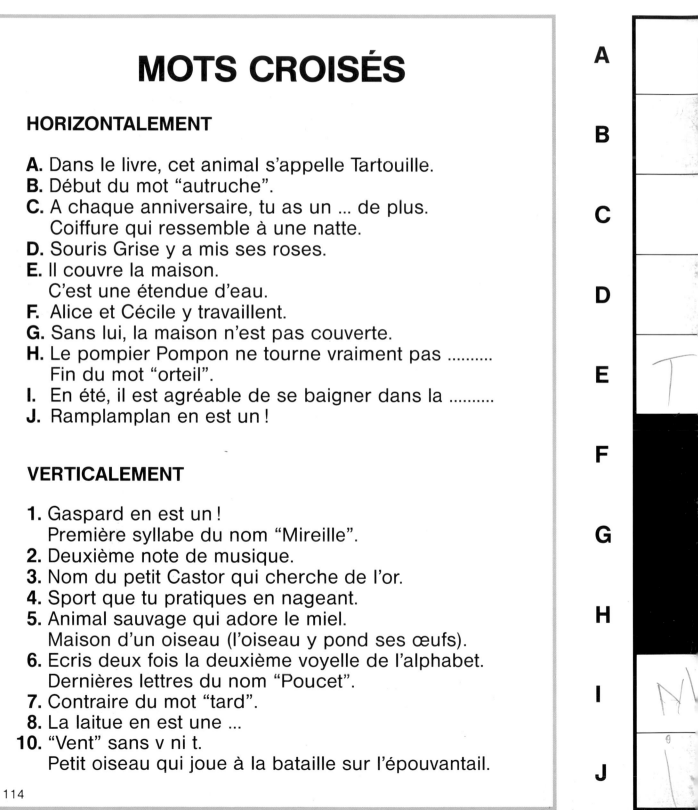

A
B
C
D
E
F
G
H
I
J

du "dictio"

2 3 4 5 6 7 8 9 10

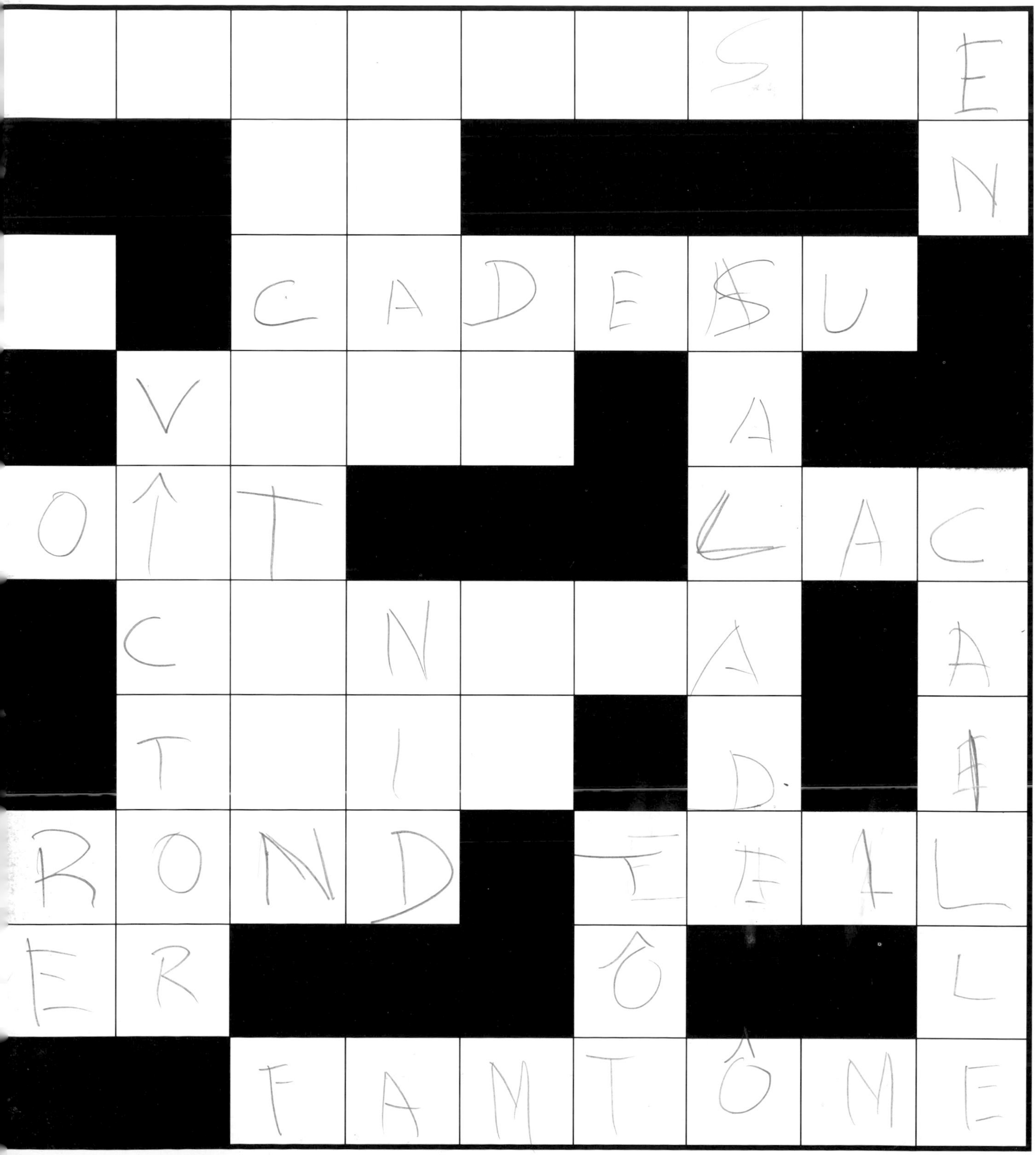

Les jeux

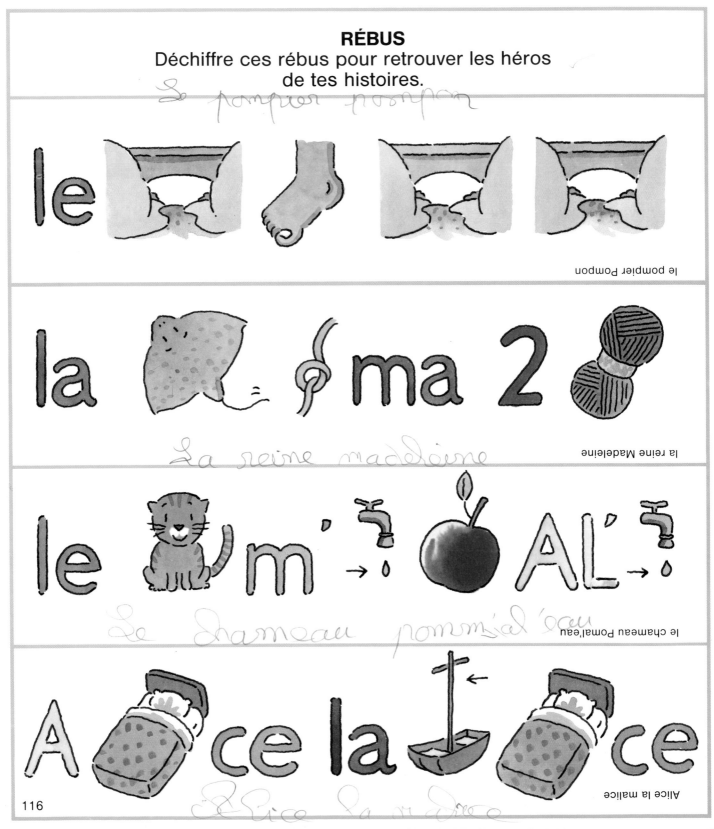

RÉBUS
Déchiffre ces rébus pour retrouver les héros
de tes histoires.

le pompier Pompon

la reine Madeleine

le chameau Pomm'al'eau

Alice la malice

116

du "dictio"

RÉBUS
Déchiffre ces rébus pour retrouver les héros
de tes histoires.

la chatte de Charly

La chatte de Charly

belle coccinelle

belle coccinelle

Philibert

Blaise le distrait

MOT MYSTÈRE

Barre les vingt mots cachés dans la grille. Tu découvriras alors le nom d'un personnage. Une lettre peut être utilisée plusieurs fois.

abeille
autobus
blaireau
bleu
canailles
caneton
chameau
coq
entre
fermier
géant
Guy
martien
nain
pince
pou
reine
sel
tambour
vent

C	A	N	A	I	L	L	E	S
A	M	A	R	T	I	E	N	B
N	G	E	A	N	T	N	P	L
E	P	I	N	C	E	T	O	A
T	A	M	B	O	U	R	U	I
O	B	G	L	Q	S	E	L	R
N	E	U	E	N	A	I	N	E
B	I	Y	U	V	E	N	T	A
E	L	C	H	A	M	E	A	U
B	L	A	U	T	O	B	U	S
E	E	F	E	R	M	I	E	R

LE NOM DES OMBRES

Reconnais chaque personnage, dis son nom. Trouve les 2 personnages où tu entends le son "ien".

Indien - Martien

MOTS CROISÉS MYSTÉRIEUX

Lis les définitions et trouve les noms de tes héros.
Après avoir rempli la grille, remets en ordre les
lettres des cases roses. Tu découvriras alors le
nom mystérieux.
Une seule lettre par case.

1. Cette maîtresse est toujours pressée, c'est
Madame ...

2. C'est une grosse grenouille.

3. Ce hibou s'amuse à hanter les maisons !

4. Ce petit pou est un filou.

5. C'est une grande actrice aux longs cils.

6. C'est un fantôme qui joue bien du tambour.

7. Quel drôle de chameau avec ses trois
chapeaux !

8. Il a une maison de galets.

9. Cette petite fille a pour amie une araignée.

10. C'est un pompier vraiment bizarre !

Mot mystérieux : c'est le nom d'une sorcière qui
fait des recettes magiques.
Quel est le son que tu entends à la fin de son
nom ?

7

du "dictio"

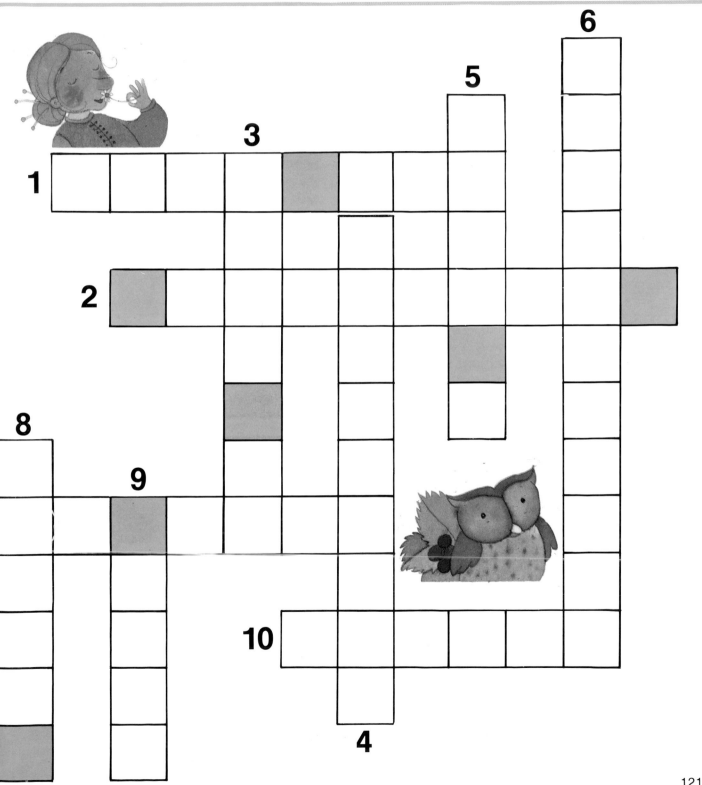

Les jeux

Retrouve le nom des héros que tu

du "dictio"

as rencontrés dans les histoires.

ISBN: 2-215-016-88-4

© Éditions Fleurus 1992
Dépôt légal : novembre 1992

Réalisation Partenaires